**CÍRCULO
DE POEMAS**

Por isso as papoulas

Andreev Veiga

11 estrela absinto
13 imagem de fundo
15 a morte por indulgência
16 josé
17 lóbulo frontal
18 as papoulas
19 à beira do socialismo
20 maçã
21 revolução industrial
22 é sobre as pessoas
23 gato transando no telhado
24 cruzes da síria
25 david helfgott
26 *hate*
28 sem ter para onde ir
29 celebração
30 o natal na cruz
31 não sonhar o mundo
32 falta pão na síria
34 consciência de classe

35 o condomínio

36 corja

37 camisa de força

39 grito de um corpo silencioso

40 a pergunta que o fez guerrilheiro

42 noite

43 já não encontro motivos para parar de fumar

44 tudo não passa de orvalho

45 baile de carnaval

47 o meu endereço é o caos

48 joia do mundo

49 e não somente um irmão

51 marinada

52 a literatura não serve pra nada

53 acidental

55 os primeiros dias sem ele

56 o cheiro de meu pai

57 o próximo passo

58 o homem é um animal domesticado

*Você sabia, pecar não significa fazer o mal:
não fazer o bem, isto significa pecar.
Quanto bem você podia ter feito! E não fez:
nunca houve um pecador maior que você.*

Pier Paolo Pasolini

Sem caridade não há salvação.

Allan Kardec

Para Elanje, sempre

estrela absinto

você, caro leitor
deverá entender que para a poesia
não existe inspiração
o que existe é referência
inspiração acontece fora da vida
e para aqueles que têm dinheiro
e esgotam seus desejos
referência
surge da fome ao logro
do nada
ao instante de fugir
vem do que resta
à repetição do que não muda
a referência, caro leitor
é o ato fecundo da inspiração
dita em poucas linhas
obedecendo os limites da página
se há o desejo pela escrita
como assim tem sido por séculos
é porque se foi ingênuo
ao pensar que o amor
é para todos
e continua até hoje
obscuro pela literatura
pois o amor
assim como a inspiração
é um produto subsidiado por deus
a referência é sagrada quando sangra
e isso não se discute durante o almoço

é nobre ficar em silêncio
à espera da melancolia
que nos levará cedo para o quarto
a inspiração, caro leitor
é uma vitrine rodoviária
à vista de curiosos
com cantos de ambulância
anunciando que
mais uma estrela caiu na terra
na tentativa de atravessar o sinal fechado
veja
caro leitor
a distinção é clara
inspiração
é o desejo de mudar as coisas
referência
é o erro

imagem de fundo

a primeira decisão que tomei na vida
meio sem querer
foi engatinhar de perfil
sobre um fundo vermelho
para uma fotografia
cores assim
para crianças
chamam atenção por sua forte tonalidade
vendo esta imagem hoje
percebo que muita coisa não mudou:
o sorriso banguela e os fungos da vida
e instintivamente
penso em subempregos
e em um lençol rasgado
que cobriu o meu rosto
anos depois
em uma noite de natal
na tentativa de dormir
não que estivesse com sono
mas para acompanhar minha mãe
depois de uma discussão em família
naquela época
em que eu posava de gente
e tinha a ingenuidade no sorriso
não precisava lidar com nada
nem sequer optar por uma cor de fundo
mas fazemos escolhas
que nos levam a ações estúpidas
igual fez minha mãe

naquela noite de natal
e por isso
só por isso
me tranco no quarto
no vigésimo quinto dia
do último mês do ano
sem ter minha mãe por perto
e sem plano de fundo

a morte por indulgência

quando se é fraco
o rosto se adorna
como uma flor putrificada
o corpo sustenta suas pétalas
e empurra a língua
e os olhos
para dentro dos orifícios
quando se é fraco
pouco se fala
pois a solidão é maior que você
você é jovem
sabe que o mundo está cansado
que não irá arriscar uma estação por você
você aceita
considera desaparecer
por trás dos edifícios
que cercam a cidade
farejando uma saída
como um cão desgraçado
se perguntando
se fez algum mal
para merecer tudo isso
mas não encontra pistas
continua a caminhar, fraco
com os cabelos caindo
feito pessoas que se jogam de edifícios
quando se é fraco
a sombra é suicida
mas não é pecado
a morte por indulgência

josé

minha avó habituou-se
às batidas dos corações
de seus seis filhos e esposo
como um burro de carga
em uma estrada esburacada
a eles
ela nunca deu nomes
os tratava como frutas maciças
minha avó tinha essa habilidade
de manter todos equilibrados
um em cima do outro
na pequena carroça
um dia
uma de suas frutas rolou pelo chão
e minha avó
chamou-lhe pelo nome

lóbulo frontal

não há como decretar
falência de um manicômio
consequentemente
irei mais vezes ao alfaiate
é preciso se destacar entre os loucos
não ser são
como alguém que ama
seguir o sol
tornando o passado obsoleto
aqui
não pedimos a deus para sermos tristes
por isso não oramos
ao invés disso
jogamos os travesseiros para o alto
brincamos com as cores dos comprimidos
e deixamos as palavras
para o momento de colher as flores

as papoulas

querida edith
recebi sua sopa
foi suficiente para manter o estômago aquecido
agora — me cabe no pensamento
assistir o presente
que se perde à vista de um adeus
da mesma forma
que se perde o medo de se machucar
o cheiro do alho muito me agrada — disso você sabe
às vezes fico soprando devagar
o hálito quente na direção do nariz
como se libertasse do exílio uma papoula
edith, querida edith
os canhões estão apontados para nós
por corpos silenciados de espírito
então não se aflija
se não mais receber notícias minhas
e prometo neste pacto
que não ficarei triste
se não obtiver resposta
o fascismo, querida
é a miséria da moral na ausência da salvação
que nos enterra aos poucos
feito cada colher de sopa levada à boca
por isso as papoulas, querida
por isso as papoulas

à beira do socialismo

não sei vocês
mas estou à beira do socialismo
pois os cuidados do trabalho
penso ser coisa inventada para desistir

uma mercadoria que padece
na balança da vida
e que se alimenta com o grão
que há debaixo da terra
que é o próprio diabo
cruzando o céu em um avião

entre a batalha e o pessimismo
impera um sorriso
maior que o medo cortante da lâmina
e que lume sobre o simulacro na cidade
com meia dúzia de pessoas
erguendo a bandeira do país

a esta cidade
ofereço a pureza da morte
da perspectiva da mesa de jantar
e o que sobrar no prato
nem mesmo os porcos irão comer

maçã

há crianças fascistas no berço
mais um pouco
uma paixão gratuita
vinda do parquinho
do outro lado da rua
fervor sem apadrinhamento partidário
e escolta policial
entendamos
é uma criança em sua horda
à prova de fogo e mal-encarada
é o filho da mulher que o ama
e quando ele gargalha gostoso
é o orgulho da mãe
aconteça o que acontecer
é uma criança
que brinca de esconde-esconde
e se impressiona
com o poder que as mãos têm
magicamente
de formar imagens na parede
um pássaro, um cachorro, um tigre, um tubarão
afinal
é uma criança
mais um pouco
uma maçã deixada dentro de um cesto

revolução industrial

o progresso
é uma fruta que cai sem sua casca
para parecer maduro
é preciso ler o tempo todo
às vezes — torcer o pescoço para o domingo
e somente descansar debaixo de uma árvore
isto é beleza: fazer deste lugar
um front
e até morrer nele
longe da indústria fonográfica brasileira

respirar marcha fúnebre

é sobre as pessoas

se fosse para falar sobre as galinhas
diria que são como
o céu de teerã
e se fosse para revisar
meu pensamento a respeito
diria que uma parte
do céu desabou sobre as pessoas
que dormiam, fugiam e jogavam bola
se fosse para dizer alguma coisa
pegaria o galo
sob o céu armado
no final do dia
e o protegeria para sempre
mas sempre que fosse
cinco e meia da manhã
o deixaria cantar exacerbadamente
até que todos pudessem acordar

gato transando no telhado

para fernando maroja silveira

você tomou a decisão correta
ao escolher um lugar para morar
em que pudesse apodrecer
em cada convite para sair

a cidade tem um jeito difícil
de conceber o dia
e nisso vocês parecem iguais — você não se importa —
e por isso dorme cedo
para acordar inédito no cotidiano

certamente você não carregará um gato no colo
sabe
certas comunhões não duram
mais que o necessário
e não passam de um faz de conta
para ilustrar o coração
é como ter a ideia de que
a receita de um pudim é complexa
e quando você descobre o quão fácil é
você troca a ilusão por um prato de sobremesa
e sentindo que é mais doce ficar em casa
você afunda a cabeça em uma banheira
e adormecendo
ouve gatos transando no telhado

cruzes da síria

há braçadas perdendo força
e se desenham cruzes na linha do mar
e há quem se banhe de costas para o horizonte
e flutue distante das cruzes
que emergem à superfície
pode ser que o sol bronzeie
os do lado daqui e os seque depois
enquanto os do lado de lá
dependendo da maré
regressem para o seu país
ou por ironia do destino
fiquem à deriva como um bote inflável
que a qualquer momento afundará
mas outros virão usando coletes salva-vidas
para não virarem cruzes
todo cuidado é pouco
até mesmo para os banhistas
que não usam protetor solar
e nadam de costas
contemplando o céu

david helfgott

david helfgott
me acena sentado ao piano
sou o único em quem ele pode confiar
antes eu lhe dizia
que deixasse de visitar os seus pais
que ele já não era uma criança
com aquele cheiro de ópio na pele
dos primeiros meses de vida
e ele simplesmente me abraçava
era terrível vê-lo nesta realidade
parecia não ter nome
e ao mesmo tempo
um vulcão a transbordar sua identidade
ele já havia esquecido de muitas coisas
e por isso entrava muito à vontade em seus sonhos
era um motim dentro de um útero
pronto para amar e ser amado
enquanto eu ainda procurava
por um chocalho quebrado no berço

hate

para ian curtis

a existência parece guardar
um colete salva-vidas
para o homem mais triste do mundo

com a cabeça para fora da banheira
vê-se a epilepsia engolindo água
e o que não se vê
partiu com a metade da vida que tinha

não foi preciso uma grande pedra
para atraí-lo até o fundo
a cabeça no travessciro
já havia dado conta do recado
para que fosse preciso sonhar

ian
fico pensando como deveria ser decadente
o seu ato de compor
em meio ao nada e com o nada
e por mais comum que fosse
a casa em ruínas
a pia transbordando
o gás vazando
e as mãos duas vezes com o peso de uma lâmina
você continuava vivo
insinuando que se aprende menos com a vida

do que está rendido
à procura dela
e isso pouco importava

sem ter para onde ir

ele dirige todos os dias por 12 horas
sem ter para onde ir
a outra metade do dia
é marcada por não ter feito nada
que pudesse deixar de contribuição para o mundo
e pela coleção de placas de outros carros em sua memória
deitado em sua cama
vagueia por uma prisão de sentidos
quase um sonho que se quebra
quando a porta do quarto se abre
com sua esposa trazendo o prato com comida
todos os dias no mesmo horário
como um ritual
uma prece
um mantra em silêncio e movimento
ela lhe traz o que comer
a mulher sai do quarto e deixa a porta aberta
ele fica esperando por algo que vem sem pressa
e reconhece
que o poder que possui para ir fechar a porta
é o mesmo que tem para mudar de lugar na mesa, pensa ele
ao idealizar sua vida e a dos outros
é uma questão de posse e escrita
a sobrevivência
vem depois de 12 horas dirigindo sem parar

celebração

quando for segunda
abrirei as janelas do quarto
farei a barba
e usarei uma nova colônia
vestirei uma camisa vermelha
e descerei as escadas
acendendo o primeiro do dia
desejarei bom dia
a quem estiver presente
irei à praia
ter os sapatos cheios de água e areia
deixar minhas pegadas
para
como uma concha
serem levadas pelo mar
ver na expressão dos banhistas
impressionados com a elegância de quem caminha
o desdém que os purifica
mal sabem eles
que um dia tudo isso vai mudar
hoje
é só o primeiro dia da semana
aproveito como posso
a tormenta
que não é sentida agora
é uma chance para mostrar
a si mesmo
quem você é
independente da roupa que esteja usando
ou do lugar pretendido para celebrar

o natal na cruz

o tempo passa como um cristo carregando a cruz até o calvário
e você me deseja feliz natal
a vida é tão mitológica quanto deus
mas nem tudo é mentira
quero dizer
as primeiras marteladas serão dadas

não sonhar o mundo

certa vez voltando pra casa
fui abordado por três homens em suas motos
disseram pra eu sair do carro e entrar no porta-malas
eu o fiz
um metro e oitenta e sete trancafiado e encolhido
eu era um rato e não conseguia roer a caixa
e o cheiro de queijo podre
começava a exalar da minha respiração
comecei a entender a morte como um rapto noturno
mas logo desconsiderei
pois de certa forma
o porta-malas começou a me servir como abrigo
onde eu dormia e despertava são e salvo
esse era o deus onde eu desperdiçava minha fé
depois me jogaram em um terreno baldio
fiquei lá por algum tempo
até os cavalheiros me levarem de volta pra casa
e fazerem toda a família de refém
seria doloroso dizer o desfecho dessa história
até poderia
se não tivesse perdido a visão
mas quem não pode ver o mundo
não terá sonhos com ele

falta pão na síria

parecia uma fila de cinema mudo
que se formava em frente à padaria
quando chegou minha vez
não sobrou nada
havia no outro lado da rua
vários vitrais estilhaçados
por onde se via muita gente indo embora
não foi fácil voltar pra casa
após ter concluído durante o percurso
que é mais doloroso morrer de fome
do que fugir ou
esperar uma bomba na cabeça na fila do pão
ainda assim prossegui
sem saber se chegaria em casa
passei pelas forças do regime
e por toda a poeira que tomava conta da cidade
ao chegar
disse em casa
que havia dado o pão
a uma família
que conseguira refúgio em outro país
essa foi a primeira vez
desde o início dos ataques
que pude conviver com a fome
em meio aos bombardeios
eu criei uma arma
que forja da mentira
a esperança para o meu povo
e quanto a ir amanhã

para o centro da cidade em busca de pão
pode ser que eu encontre
algum jornal pelo caminho
noticiando o fim da guerra
mas sobre isso
nós só leremos depois
é que no bairro vizinho
moram amir e seus sete filhos
o mais novo
prestes a completar um mês de vida

consciência de classe

você parece um animal servindo café
para depois dormir na rua
você é um material reutilizado
transformado em uma máquina de café
aí te dão a passagem do ônibus
mas não há destino
porque seus passos são uma linha de montagem
e você é o deserto
onde as máquinas giram
você varre o chão
e leva a miséria no bolso da calça
como se fossem cacos de vidro
sabe você
que se a polícia o parar na rua
vão querer saber a origem dessa miséria
mas você é inteligente
e pensaria em ligar para o seu patrão
esclarecer tudo
e seguiria caminho
na distância que a noite oferece
e surgiriam das nuvens escuras
chaves de fenda caindo sobre sua cabeça
impulsionando você a chegar cedo em casa
para estar pronto para mais um dia de trabalho

o condomínio

elas caminham como imigrantes
prontas para cruzar a fronteira
elas cruzam a fronteira
e trabalham como imigrantes
mas retornam para suas terras à noite
como se caminhassem por um cemitério
no outro dia
tudo se repete
e continuam ilegais e sem nacionalidade
o guarda da fronteira
também é imigrante
e seu visto só vale até o final do expediente
ele conhece cada uma das empregadas
do condomínio
onde sua mãe está
em prisão perpétua

corja

o pior desastre
não é uma mancha de óleo sobre o rio
é a política no rosto do tempo
espalhando suas rugas como teia de aranha
e não importa quantas aranhas
você consiga esmagar durante o ano
no final das contas
você esquece o motivo

camisa de força

o fim de uma vida são negócios
não é como dizer "não matarás"
é trocar o canal da TV e de um lábio carnudo com batom
[vermelho
masturbar-se antes de dormir
é tudo mercadoria
e você não terá uma estátua em sua homenagem
por ter se masturbado
nem balões soltos no ar na hora do gozo
a realidade é uma janela moldada
com o fundo em azul
e nela você pode descarregar toda a sua insatisfação
e sair sem uma perna
mas isso não deixaria tedioso o seu dia
pois você lembra daquele programa na TV
e estufa o peito dizendo "eu sou homem"
e nada o frustra
o que exaure o mundo são ideias contrárias às suas
coisas fúteis que falam por aí
são na verdade tão valorosas quanto uma guerra
onde corpos queimados decoram a terra
como cartas que jamais serão lidas
"vai à merda" você diz
com suas palavras que terminam em mortes
não me importo de pensar a noite
como um animal adestrado que envelhece sobre lares
[desiguais
"eu sou o diabo" você diz
eu sou o diabo e faço da vida uma greve

uma camisa de força
indizível
como a dor de um soco na cara
que faz da tua lição de moral
algo que supera o erro
de quem não cresceu na vida

grito de um corpo silencioso

para alan kurdi, refugiado sírio, de 2 anos,
na praia de bodrum, turquia

é preciso ir mais longe
ficar parado sobre a ponte

esperar que chova
e que a água suba até os joelhos

ficar de pé
até a invertida dos braços aos céus

e se a areia vos engolir
saberás que teu objetivo foi alcançado

e que nada à tua volta
será tão grandioso quanto o espaço

velado pela compaixão

à margem
verão tua roupa como um uniforme

tarde demais
para quem perdeu o jogo

sem direito a intervalo
na travessia da vida

a pergunta que o fez guerrilheiro

por quê? foi a pergunta que ele fez
ao chegar em casa
talvez por ser novato na escola
ou por usar um par de gucci
uns alegam que pode ter sido
por sua timidez em um lugar hostil
mas por que um soco na cara
de alguém menor e mais franzino que ele?
por quê? foi a pergunta que os pais fizeram na escola
ao contestarem tal barbárie
o pai classificou como selvageria
por quê? ficou pensando já passadas algumas semanas
enquanto fazia seu desjejum
por quê? se apenas tentava se proteger do frio
usando seu novo agasalho
se quando lhe foi chamada a atenção por seu professor
foi para dizer-lhe que havia tirado boas notas
pois tinha comprado os livros
que lhe pediram para ler
por quê? resposta relutante a um menino de agora 15 anos
que olhava para o céu em busca de solução
e via seus próprios olhos azuis
por quê? precisou de tempo para entender
que o país passava por uma repressão
e que sua família vivia a imagem de um passado promissor
quando escreveu seu primeiro manifesto
foi expulso de casa e teve que fugir para não ser preso
ainda assim se perguntava — por quê?
nesse tempo

seus olhos já não eram azuis
e não partilhava com seus camaradas
assuntos pessoais ou conversas em bares
não esboçava sorriso
foi a forma que ele encontrou para não ser frágil:
praticando e exercitando
para quando fosse chegada a hora de sua morte
os assassinos não lhe arrancassem
a pergunta que o fez guerrilheiro:
por quê?

noite

a noite é como um camaleão no escuro
um luto ausente da morte
que peregrina junto à canção
que o vento traz do paraíso

já não encontro motivos para parar de fumar

declino o corpo para tirar as botas
sob uma luta que é só minha
mas há outra
desconhecida
que me limita a tirar as meias
e calçar a sandália
mais fácil continuar sentado
e observar o pouco de terra da rua
que se move dentro da bota
e penso no lugar onde estive
e fui feliz
com apenas uma garrafa de whisky
talvez amanhã esteja com dor de cabeça
e não lembre de muitas coisas
mas já não encontro motivos
para parar de fumar

tudo não passa de orvalho

para elanje oliveira

hoje
ela amanheceu maquiada
e eu chorei
no êxtase dos campos
como flores sabendo
que aquele novo perfume
que brotava das gramas
antes pasto agitado por insctos
se abriam para a tempestade
e eu a vi
maquiada sob a chuva
como a mulher que eu
havia inventado pra mim
então segurei sua mão
na frequência de um raio
e deixamos tudo lacrado
como aquelas coisas
que nos fazem pensar
que não precisamos do sol
sei que agora
tudo o que precisamos saber
está nesta vida
e não na guerra contra os nossos fantasmas
entendemos
que não somos feitos de ferro
e que tudo não passa de orvalho

baile de carnaval

tonio kröger
não sei o que faço neste baile de carnaval
sinto que não sou puro de minha existência
e que isso se acentua quando corro para chegar cedo ao
[trabalho

meu coração é um estranho moribundo
veja
se me apascentam as dores humanas
e acordo imaturo com o canto do bem-te-vi
o que há de afeto que não seja apenas uma gentil
[repetição de abandono?

não há nada de novo no mar que possa sugerir um resgate
a quem se alimenta mal e sente fome
e isso não é dádiva
não é milagre olhar para o céu e ver-se voando
para depois
como em queda livre
chorar

há certa quantidade de noite em meus passos
e a poeira toca alto o murmúrio que as constelações
[lançam neste país baldio
onde sou obrigado a casar e desejar bom-dia para aqueles
[que passam ao meu lado
talvez não seja o país
seja essa gente que confunde poeta com sonhador
e justifica suas ações pulando carnaval

para depois
no mesmo erro
alargar a boca para o manicômio selvagem da alegria

veja tonio kröger
não quero parecer tolo ou sentimental com esse desabafo
mas parece que a razão disso tudo
me deixa ainda mais confuso sobre o que seria adequado
[para viver em paz
e é quando penso em uma ilha
e percebo que me tornei uma pessoa pior

o meu endereço é o caos

a vida ganha novas escrituras
todos os dias
a poesia
réplicas
estar em um mundo
onde não estamos
é olhar a chuva de longe
e pedir para parar de chover
muito tarde pra isso
a inteligência naufraga na seca
mas há um barco
que surge cruzando
o buraco negro das luzes roubadas

o meu endereço é o caos

joia do mundo

me parece
dizia um amigo
que quando esse nódulo surgiu
a lua orbitava genuína
em torno da terra
e sua proximidade era tal
que não precisava de um telescópio
para ver seus vulcões
foi a data e momento certo
para tudo acontecer
é como dizem por aí
tudo tem sua hora e merecimento
o médico apenas diagnosticou
o que os astrólogos apontavam
como a melhor data
para exumar minha vida
depois
percebi que dentro de mim
habitava a maior joia do mundo
protegida por um rio de alcatrão
onde um elefante
mata sua sede
me contou o amigo
que em sua peregrinação até a clínica
sempre reserva um tempo
para admirar o sol
por horas
até um dos dois desaparecer

e não somente um irmão

para marcílio caldas costa

"meu irmão morreu"
foi assim que fiquei sabendo da dor que meu amigo sentia
confesso que não lembrava o nome de seu irmão
e quanto mais me esforçava
mais a chuva castigava lá fora
podia comparar
a quantidade de água que caía
com o desolar no coração de meu amigo
que agora
feito motor a manivela
bombeia as lembranças do inerte corpo
sendo carregado para o centro da casa

espero dar-lhe um abraço na passagem do tempo
dizer-lhe qualquer coisa que o faça sorrir
mas sei que não é fácil
não há inverno que escape à memória quando os
                              [ponteiros se quebram
pés e mãos se enrugam às águas quando o telhado é
                              [levado pela tempestade
queima a última lâmpada
a luz que fica
não serve pra nada

meu amigo há de dizer-me daqui a alguns dias
que está suportando a barra
mas sei que

por mais forte na aparência
talvez tenham morrido em meu amigo
algumas palavras tão doces quanto o silêncio que o
[permite chorar
e não somente um irmão

marinada

há quem sofra
com problemas de saúde
e torne as coisas melhores
com o uso de analgésicos
sabe
que cada enfermidade
traz um cheiro ruim
possível de atrair alguns anjos para perto
alguns anjos são corvos
outros
se acredita
cães
e se você morre
tudo desaparece
e essa é a hora
em que você estará pronto
para recolher os fósseis
que passaram
tanto tempo marinando

a literatura não serve pra nada

a literatura implica os pés no chão
para que você possa ver as estrelas
em infinita plenitude
e se houver uma estrela
em movimento
em direção à terra
então você corre, corre, corre
até não poder alcançar

acidental

nunca me senti à vontade
correndo atrás de uma bola
mas sozinho sei
dos fardos da infância
que atingiram civilizações
algumas brincadeiras
vale ressaltar
são um saco
lembro de minha primeira comunhão
calça de linho
sapato social preto
camisa manga comprida branca
com gravata-borboleta
segurava uma vela que possuía uma inscrição
que nunca soube o que significava
eu não podia questionar minhas idas à igreja
pois era a forma mais barata de entretenimento
que minha família podia me proporcionar
no final das contas — virei ateu
foi uma perda de tempo
assim como muitas coisas que fazemos são
só não estamos preparados para o enredo
os pássaros da riqueza passam longe
portanto — é preciso juntar suas penas
sair de casa
para ocupar o espaço
esgueirado do futuro
puxado por uma civilização dentro de mim
aprendi a perder

com a capacidade de ver
e entender o mundo
como ninguém o fez
antes ranzinza
hoje velho
entendo toda insatisfação
que sentem por mim
como algo que me liberta
e não perco meu tempo escrevendo romances
pois a compreensão das coisas está na poesia
como pedaços de noite
de um acidente sideral

os primeiros dias sem ele

para um poeta amigo

me pediram para arrumar um cachorro
um qualquer
andar pelas calçadas em sua companhia
com o entendimento
de que a loucura é irmã mensageira da bonança
que a paciência
é o espírito que deve ser evocado
longe de médicos psiquiatras
mesmo que
no disparo antagônico das estrelas
as perdas ganhem proporções
que golpeiem meu coração —
há muito já machucado
que se foi dentro de você, pai

o cheiro de meu pai

o cheiro de meu pai
ressalta que a noite é uma lepra
que a corda que estrangula
o grande céu estrelado
vive de uma batalha vencida
contra um morto gentil
e jorra sobre mim seu último suspiro
e o câncer cai sobre meus pés
e como uma mosca sedenta por sangue
chega em meu nariz e se instala
o cheiro podre de meu pai
enegrece todas as orações
poucos estiveram presentes
para ver o corpo bêbado
ou estranhamente declarado inútil
e estranhamente penso
isso não é coisa que um filho poderia dizer
mas colocando-me no lugar de meu pai
não seria pecado agir assim
alguém em seu estado
já não tem a chance de opinar
e puxo aquela corda
como se tocasse o sino da igreja
mas ninguém ouve
ninguém se aproxima para carregar o seu caixão
meu pai foi um morto nunca visto
mas que
em minha memória olfativa
permanece como uma história inacabada

o próximo passo

os olhos te desvendam as horas oportunas
para que sejas forte
velar teu pai
foi o primeiro passo de compreensão
não aja como um louco
depondo o inconformismo
nos banhamos dessa mesma chuva de incompreensões
somos folhas arrancadas das árvores
você é uma
outras já se foram
e o mundo continua de pé
e você não poderá salvá-lo
por mais que queira salvar a si mesmo

o homem é um animal domesticado

minha tia fala ao telefone
sobre a perda de seu pai
como a equipe médica foi negligente

a vida nos afeta
nas três dimensões
veja, se você não existe, então você está morto
se você está sendo gerado, você está morto dentro da
                                                    [barriga
e quando você nasce, já nasce sentindo que abandonou
                                                    [alguma coisa
então você morre
e mesmo repetindo o nome de deus
e ponderando que a terra não é um bom lugar para nascer
você falha com todos
e passa parte do tempo aparando a grama amarelecida
queimada pelo sol

deixar os mortos
com os mortos
deixar o tempo
como uma bomba plantada
entre os vivos
para lembrarmos que somos
os rastros de uma eternidade
o tempo todo vencida

falar as dores ao telefone
rechaça um prazer estranho sobre a vida

como se tudo estivesse errado
você ainda não percebeu
o que acontece aqui
você é uma estrada de si mesma
onde muitos já passaram ou passarão
e neste tempo de perda — tempo estático
não há lugar que chegue ao fim
quando se perde — o que parece
é que se perde em pares
mas é como a primeira das três dimensões
se você perdeu, você está morto
e se você está morto
é como nunca ter nascido

veja — o homem é um animal domesticado
que precisa voltar para a selva
aprender a enterrar seus mortos
aquele antagonista
que chorou ao nascer

Copyright © 2025 Andreev Veiga

Todos os direitos reservados. Nenhuma parte desta obra pode ser reproduzida, arquivada ou transmitida de nenhuma forma ou por nenhum meio sem a permissão expressa e por escrito da Editora Fósforo.

DIREÇÃO EDITORIAL Fernanda Diamant e Rita Mattar
COORDENAÇÃO DA COLEÇÃO E EDIÇÃO Tarso de Melo
COORDENAÇÃO EDITORIAL Juliana de A. Rodrigues
ASSISTENTE EDITORIAL Rodrigo Sampaio
REVISÃO Eduardo Russo
DIRETORA DE ARTE Julia Monteiro
PROJETO GRÁFICO Alles Blau
EDITORAÇÃO ELETRÔNICA Página Viva

CIP-BRASIL. CATALOGAÇÃO NA PUBLICAÇÃO
SINDICATO NACIONAL DOS EDITORES DE LIVROS, RJ

V528p

   Veiga, Andreev, 1981
      Por isso as papoulas / Andreev Veiga. — 1. ed. — São Paulo : Círculo de Poemas, 2025.

      ISBN: 978-65-6139-076-7

      1. Poesia brasileira. I. Título.

25-97336.0

CDD: B869.1
CDU: 82-1(81)

Gabriela Faray Ferreira Lopes — Bibliotecária — CRB-7/6643

circulodepoemas.com.br
fosforoeditora.com.br
Editora Fósforo
Rua 24 de Maio, 270/276, 10º andar
01041-001 — São Paulo/SP — Brasil

A marca FSC® é a garantia de que a madeira utilizada na fabricação do papel deste livro provém de florestas gerenciadas de maneira ambientalmente correta, socialmente justa e economicamente viável e de outras fontes de origem controlada.

CÍRCULO DE POEMAS

O **Círculo de Poemas** é a coleção de poesia da Editora Fósforo que também funciona como clube de assinaturas. Seu catálogo é composto por grandes autores brasileiros e estrangeiros, contemporâneos e clássicos, além de novas vozes e resgates de obras importantes. Os assinantes do clube recebem dois livros por mês — e dão um apoio fundamental para a coleção. Veja nossos últimos lançamentos:

LIVROS

Quadril & Queda. Bianca Gonçalves.
A água veio do Sol, disse o breu. Marcelo Ariel.
Poemas em coletânea. Jon Fosse (trad. Leonardo Pinto Silva).
Destinatário desconhecido: uma antologia poética (1957-2023). Hans Magnus Enzensberger (trad. Daniel Arelli).
O dia. Mailson Furtado.
O Kit de Sobrevivência do Descobridor Português no Mundo Anticolonial. Patrícia Lino.
Se o mundo e o amor fossem jovens. Stephen Sexton (trad. Ana Guadalupe).
Quimera. Prisca Agustoni.
Sílex. Eliane Marques.
As luzes. Ben Lerner (trad. Maria Cecilia Brandi).
A extração dos dias: poesia 1984-2005. Claudia Roquette-Pinto.
Noite devorada. Mar Becker.

PLAQUETES

Palavra nenhuma. Lilian Sais.
blue dream. Sabrinna Alento Mourão.
E depois também. João Bandeira.
Soneto, a exceção à regra. André Capilé e Paulo Henriques Britto.
Inferninho. Natasha Felix.
Cacto na boca. Gianni Gianni.
O clarão das frestas: dez lições de haicai encontradas na rua. Felipe Moreno.
Mostra monstra. Angélica Freitas.
é perigoso deixar as mãos livres. Isabela Bosi.
A língua nômade. Diogo Cardoso.
Dois carcarás. Leandro Durazzo.
Muchacho e outros poemas. Rodrigo Lobo Damasceno.

Para conhecer a coleção completa, assinar o clube e doar uma assinatura, acesse:
www.circulodepoemas.com.br

**CÍRCULO
DE POEMAS**

Este livro foi composto em GT Alpina e
GT Flexa e impresso pela gráfica Ipsis
em maio de 2025. A literatura
implica os pés no chão para
que você possa ver as estrelas.